Матиас Фиедлер

Идеа за иновативна појава на недвижности: Посредување во недвижности поедноставено

појава на недвижности: ефикасно, едноставно и професионално посредување на недвижности преку еден иновативен портал за појава на недвижности

Отпечаток

1.издание како печатена книга | Февруари 2017
(првобитно појавена на германски, Декември 2016)

© 2016 Матиас Фиедлер

Матиас Фиедлер
Ул. Ерика-вон-Броцкдорфф бр. 19
41352 Коршенброих
Германија
www.matthiasfiedler.net

производство и печат:
види печатено на последна страна

облик на корица: Матиас Фиедлер
креирање на Е-книга: Матиас Фиедлер

ИСБН-13 (меки корици): 978-3-947184-73-6
ИСБН-13 (Е-книга моб.): 978-3-947128-73-0
ИСБН-13 (Е-книга епуб): 978-3-947128-74-7

Библиографски информации од германската национална библиотека: Германската национална библиотека ја заведува оваа публикација во германската национална библиотека; детални библиографски податоци може да се повикаат на интернет преку http://dnb.d-nb.de abrufbar.

ПОДАТОЦИ ЗА СОДРЖИНАТА

Во оваа книга се објаснува еден револуционерен концепт за светски мечинг портал за недвижности (Апп – апликација) со пресметка за потенцијален обрт (милијарди Евра), кој ќе се интегрира во еден софтвер за недвижности (потенцијал на обрт од билиони Евра). Со тоа ќе можат станбени и деловни недвижности, сопствено да се употребат или да се издадат, ефикасно и штедејќи време за посредување. Тоа е иднината на иновативно и професионално посредување на недвижности, за сите агенти на недвижности и за сите заинтересирани за недвижности. Мечинг на недвижности функционира скоро во сите држави, па дури и транснационално.

Наместо недвижностите ,,да се носат,, до купувачот или агентот, во мечинг порталот на ндвижностите заинтересираните за недвижности се квалифицираат (профил на барање) и со посредуваните недвижности се усогласуваат и поврзуваат.

СОДРЖИНА

ПРЕДГОВОР

Во 2011 год. овде опишаната идеја за иновативен мечинг за недвижности ја осмислив и ја развив.

Од 1998 работам во економија на недвижности (меѓу другото посредување на недвижности, купо-продажба, проценка, изнајмување и развој на имоти). Меѓу другото сум стручен економист за недвижности (ИХК), дипломиран економист за недвижности (АДИ) и вештак за проценка на недвижности (ДЕКРА) како и член на здружението на недвижности при Ројал институцијата на Чартеред Сурвејорс (Royal Institution of Chartered Surveyors) (MRICS).

Матиас Фиедлер
Коршенброих, 31.10.2016
www.matthiasfiedler.net

1. Идеја за иновативен мечинг за недвижности: Посредување на недвижности поедноставено

Мечинг на недвижности: ефикасно, едноставно и професионално посредување на недвижности преку иновативен мечинг портал на недвижности

Наместо недвижностите ,,да се носат,, до купувачот или агентот, во мечинг порталот на ндвижностите (Апп – апликација) заинтересираните за недвижности се квалифицираат (профил на барање) и со посредуваните недвижности се усогласуваат и поврзуваат.

.

2. Цели на интересенти и понудувачи на недвижности

Од гледна точка на еден продавач и изнајмувач на недвижност, битно е недвижноста брзо и по можност по висока цена да се продаде одн. изнајми.

Од гледна точка на интересент за купување, изнајмување, битно е недвижноста да се најде по желба, како и брзо и без проблеми да се купи или изнајми.

3. Досегашни постапки при барање недвижност

По правило, заинтересирани бараат недвижности во своите сакани подрачја на големите портали за недвижности на интернет. Таму можат да побараат да им се пратат недвижности одн. листа со линкови за недвижности по маил, доколку поставиле краток профил за барање. Често истото следи на 2-3 портали за недвижности. Потоа понудувачите по правило се контактираат по е-маил. Со тоа понудувачите добиваат можност и одобрение да стапат во контакт со интересентите.

Дополнително, од страна на интересентите поедино се контактира со агенти за недвижности во саканото подрачје и се остава профил на барање.

Кај понудувачи на портали за недвижности се работи за приватни и деловни понудувачи.

Деловни понудувачи се претежно агенти за недвижности и делумно градежни претпријатија, трговци со недвижности и останати друштва за недвижности (во натамошен текст наречени како агенти за недвижности).

4. Неповолности на приватни понудувачи / предности на агенти за недвижности

При недвижности за купување од страна на приватните продавачи не е секогаш загарантирана продажба веднаш, бидејќи на пример при наследена недвижност нема согласување помеѓу наследниците или недостасува решение за наследство. Понатаму може неразјаснети правни теми, меѓу другото право на живеење, да ја отежнат продажбата.

Кај недвижности за изнајмување може да се случи, приватниот изнајмувач да не ги обезбедил службените одобренија, на пример доколку деловна недвижност (-површина) треба да се издаде како станбен простор.

Кога еден агент за недвижности работи како понудувач, споменатиот аспект по правило е разјаснет. Понатаму, често веќе се присутни сите релевантни документи на недвижноста (план на теренот, положба, потврда за енергија, главна книга, службени документи, и т.н.). – Со тоа продажбата или изнајмувањето е можно брзо и без компликации.

5. Мечинг на недвижности

За да се постигне мечинг помеѓу интересентот и продавачот одн. изнајмувачот брзо и ефикасно, воглавно е важно, да се понуди систематизирана и професионална постапка.

Тоа следи овде преку обратно поставена постапка, одн. тек при барање и наоѓање помеѓу агентот за недвижности и интересентот. Тоа значи, наместо недвижностите „да се носат„ до купувачот или изнајмувачот, кај мечинг порталот на недвижности (Апп – апликација) интересенти за недвижности се квалифицираат (профил за барање) и се усогласуваат и поврзуваат со недвижноста за посредување и агентот за недвижности.

Во првиот чекор, интересентите поставуваат конкретен профил за барање на мечинг порталот за недвижности. Овој профил за барање содржи околу 20 обележја. Меѓу другото следните обележја (нема целосно набројување) се важни за профилот за барање.

- Регион/ поштенски број/ место
- Вид на објект
- Големина на имот (плац)
- Стамбена површина
- Цена за купување/изнајмување
- Година на изградба
- Кат
- Број на соби
- изнајмено (да/ не)
- подрум (да/ не)
- балкон/ тераса (да/ не)
- вид на греење
- место за остава (да/ не)

При тоа, битно е, обележјата да не се внесат слободно, туку да избере преку кликање одн.отварање на соодветното поле (на пр. вид на објект) од листа со дадени можности/опции (на пр. при вид на објект: стан, куќа за едно семејство, магацин-хала, канцеларија...).

Опционално од страна на интересентите можат да се постават натамошни профили за барање. Исто така можно е и измена на профил за барање.

Дополнително од страна на интересентите во дадените полиња се внесуваат целосни податоци за контакт. Тое се име, презиме, улица, број, поштенски број, место, телефон и е-маил.
Поврзано со ова, интересентите даваат согласност за стапување во контакт и испраќање на соодветни недвижности (експозеа) од страна на агентот за недвижности.

По тоа, интересентите со администраторот на мечинг порталот за недвижности склучуваат договор.

Во следниот чекор профилите за барање стојат на располагање, преку интерфејс за програмирање (АПИ-апликација програмирање интерфејс) – споредливо како на пример интерфејс програмирањето „опениммо„ во Германија – на приклучените агенти за недвижности, сеуште невидлив. Овде треба да се забележи дека ова интерфејс програмирање – речиси клуч за остварување – треба да го поддржи ској софтвер кај агентите за ндвижности, одн.да овозможи пренос. – Бидејќи веќе има интерфејс на програмирање, како што е опишан погоре „опениммо„, и натамошни интерфејс програмирања во праксата, преносот на профилите за барање треба да е можен.

Сега агентите за недвижности ги споредуваат недвижностите, кои ги имаат за посредување со профилите за барање. За тоа, недвижностите ќе се внесат во порталот за мечинг на недвижности и со белезите ќе се споредат и поврзат.

По успешно споредување произлегува мечинг (погодок) со соодветен податок во проценти.

– Од еден погодок од на пр. 50% профилите за барање во софтверот на агентите за недвижности стануваат видливи.

Поедините обележја при ова меѓусебе се вагаат (систен на поени), така да после споредувањето на обележјата произлезе процент за погодок (веројатност за софпаѓање). – на пр. обележјето „вид на објект,, е повисоко извагано од обележјето „стамбена површина,,. Дополнително можат одредени обележја (на пр.подрум) да се изберат, кој оваа недвижност мора да ги има.

Во текот на прилагодувањето на обележјата за мечинг (погодокот) треба да се внимава на тоа, на агентите за недвижности да им се даде пристап само до саканите (резервирани) подрачја. Тоа ги намалува напорите за прилагодување на податоците. Особено со оглед на тоа што агентите за недвижности често агираат регионално.-

Тука треба да се напомене, дека преку така наречените "cloud" можно е заштитување и обработување на голема количина на податоци во денешно време.

За да се овозможи професионално посредување на недвижности, само агенти за недвижности добиваат пристап кон профилите за барање.

За истото, агентите за недвижности со администраторот склучуваат еден договор.

По соодветното прилагодување/мечинг, смеат агентите за недвижности да ги контактираат интересентите и обратно интересентите смеат да ги контактираат агентите за недвижности. Тоа значи исто така, доколку агентите за недвижности на интересентите им испратиле експозе, доказот за дејствувањето одн.правото на агентот за недвижности на така наречената провизија за агентите - е документирана во случај на продажба или изнајмување.

Ова, под претпоставка, дека агентот за недвижности од страна на сопствениците (продавач или изнајмувач) има налог за посредување со недвижноста, или има согласност, недвижноста да смее да ја понуди.

6. Подрачје на примена

Тука опишаниот мечинг на недвижности е применлив за купување и изнајмување на недвижности во секторот на стамбен и деловен простор. За деловни недвижности потребни се соодветни дополнителни обележја на недвижностите.

На страната на интересентите, како што е вообичаено во праксата, може да биде и агент за недвижности, доколку на пример работи по налог на клиент.

Просторно гледано, порталот за мечинг на недвижности може да се пренесе скоро во секоја држава.

7. Предности

Овој мечинг на недвижности нуди големи предности за интересентите, ако на пример во регион (место на живеење) или при промена на работно место во друг град/регион треба таму да се бара недвижност.

Вие само еднаш поставувате профил за барање и добивате од агентите за недвижности во саканиот регион соодветни недвижности во понуда.

За агентите на недвижности со тоа се отвараат големи предности, како на пример ефикасност и заштеда на време за продажбата одн. изнајмувањето.

Вие непосредно добивате преглед колку е висок потенцијалот на конкретни интересенти за од вас понудените недвижности.

Понатаму можат агентите за недвижности директно да се јават на вашата целна група, која со поставување на профил за барање направила конкретна замисла за саканата недвижност (меѓу другото испраќање на експозе за недвижност).

Со ова се зголемува квалитетот на прифаќање контакти кон интересенти, кој знаат, што бараат. Со тоа се намалува количината на наредните термини за разгледување. –

Со тоа се намалува вкупното време за посредуваната недвижност.

По разгледувањето на посредуваната недвижност следи – обично – склучување на купопродажен договор или договор за изнајмување.

8. Примерно пресметување (потенцијал) – само сопствено користени станови и куќи (без изнајмувани станови и куќи како и деловни недвижности)

Од следниот пример се појаснува, кој потенцијал го има порталот на мечинг на недвижности.

Во подрачје за вселување со 250.000 жители во град како Монхенгладбах, има округло 125.000 домаќинства (2 жители по домаќинство). Просечната ставка на преселување изнесува околу 10%. Со тоа годишно се преселуваат 12.500 домаќинства.– Салдото за доселување и иселување од и во Монхенгладбах тука не е земено во предвид. – Од ова скоро 10.000 домаќинства (80%) бараат недвижност за изнајмување и околу 2.500 домаќинства (20%) бараат недвижност за купување.

Согласно извештајот од пазарот на плацеви од комитетот за вештачење на град Монхенгладбах во 2012год. 2.613 имало случаи на купување на недвижности. – Ова ја потврдува споменатата бројка од 2.500 интересенти за купување. Впрочем се повеќе, бидејќи не секој инетесент си ја нашол својата недвижност. По проценка, бројот на вистинските интересенти одн. конкретно профили за барање е двојно поголем како просечниот број на преселувања од околу 10%, значи 25.000 профили за барање. Ова, меѓу другото, содржи дека интересентите поставуваат повеќе профили за барање на порталот за мечинг на недвижности.

Битно за споменување е уште, дека до сега од искуство околу половина од сите интересенти (купувач и изнајмувач) своите недвижности ги нашле преку агент за недвижности, со тоа вкупно 6.250 домаќинства.

Но согласно искуство најмалку 70% од сите домаќинства барале преку портали за недвижности на интернет, со тоа значи вкупно 8.750 домаќинства (одговара на 17.500 профили за барање).

Доколку 30% од сите интересенти, тоа значи 3.750 домаќинства (одговара на 7.500 профили за барање) во град како Монхенгладбах, би поставиле профил за барање на портал за мечинг на недвижност (Апп-апликација), приклучените агенти за недвижности годишно би можеле да понудат соодветни недвижности на преку 1.500 конкретни профили за барање (20%) на интересенти за купување и 6000 конкретни профили за барање (80%) на интересенти за изнајмување.

Тоа значи, при просечно траење на барањето од 10 месеци и примерно цена од 50 € месечно за секој поставен профил за барање, произлегува за 7.500 профили за барање потенцијал на обрт од 3.750.000 € годишно во град со 250.000 жители.

При пресметување за Република Германија со округло 80.000.000 (80 мил.) жители тоа значи потенцијал за обрт од 1.200.000.000 € (1,2 мрд. €) годишно. – Доколку наместо 30% од сите интересенти примерно 40% од сите интересенти ја бараат својата недвижност преку порталот за мечинг на недвижности, потенцијалот за обрт се зголемува на 1.600.000.000 € (1.6 мрд. €) годишно.

Овој потенцијал за обрт се однесува само на сопствено користени станови и куќи. Недвижности за изнајмување одн. рендитни недвижности во секторот стамбени недвижности и вкупниот сектор на деловни недвижности не се содржани во оваа пресметка на потенцијал.

При една бројка од околу. 50.000 претпријатија во Германија во подрачјето на посредување со недвижности (вклучувајќи градежни претпријатија со удели, трговци со недвижности и останати друштва за недвижности) со околу 200.000 вработени и примерно удел од 20% на овие 50.000 претпријатија, кој овој мечинг портал за недвижности го употребуваат со просечно 2 лиценци, произлегува при примерна цена од 300 € месечно потенцијал на обрт од 72.000.000 € (72 мил. €) годишно. Понатаму, треба да следи регионална резервација за тамошните профили за барање, така да овде по поставување може да се генерира натамошен голем потенцијал за обрт.

Агентите за недвижности не мораат повеќе преку овој голем потенцијал на интересенти со конкретни профили за барање да ја актуализираат сопствената датотека на интересенти. Дотолку повеќе што оваа бројка на актуелни профили на барање ќе ја надмине бројката на поставени профили за барање, поставствена од агенти за недвижности.

Доколку овој иновативен мечинг портал за недвижности најде примена во повеќе држави, примерно интересенти од Германија да постават профил за барање во Мајорка (Шпанија), апартманот што одговара може да го претстават по е-маил до интересентот – доколку испратеното експозе е напишано на шпански, во денешно време интересентите можат на интернет со поддршка на програм за преведување, текстот во најкратко време да го преведат на германски.

За да може мечингот на профили за барање и недвижноста за посредување да се реализира и преку јазичната бариера, може со помош на мечинг порталот за недвижности да се направи усогласување на соодветните обележја врз основа на програмирани (математички) обележја – ослободено од јазичната бариера потоа ќе се подреди.

При употреба на мечинг порталот за недвижности на сите континенти за многу пати би се зголемил споменатиот потенцијал за обрт (само интересенти што бараат) со поедноставена пресметка како следи.

Светска популација
7.500.000.000 (7,5 мрд) жители

1. Попилација во индустриски држави и индустриски држави пошироко:
2.000.000.000 (2,0 мрд.) жители

2. Популација во држави на праг на развој:
4.000.000.000 (4,0 мрд.) жители

3. Популација во држави во развој: 1.500.000.000 (1,5 мрд.) жители

Годишниот потенцијал за обрт на Сојузна Република Германија во висина од 1,2 мрд. € при 80 мил. жители се пресметува со следните претпоставени фактори на државите индустриски, на праг на развој и во развој.

1. Индустриски држави: 1,0

2. Држави на праг од развој: 0,4

3. Држави во развој: 0,1

Со тоа произлегува следен годишен потенцијал на обрт (1,2 мрд. € х жители (држави – индустриски, на праг на развој и во развој) /80 мил. Жители х фактор).

1. Индустриски држави   30,00 мрд. €

2. Држ.на праг на разв.:   24,00 мрд. €

3. Држави во развој: 2,25 мрд. €

вкупно: **56,25 мрд. €**

9. Заклучок

Со овој прикажан мечинг портал за недвижности за барателите на недвижности (интересенти) и агенти за недвижности се нудат значајни предности.

1. Интересентите го намалуваат значајно времето на барање соодветни недвижности, бидејќи интересентите само еднаш поставуваат профил за барање.

2. Агентите за недвижности добиваат вкупен преглед за бројот на заинтересирани со веќе конкретни желби (профил за барање).

3. Интересентите добиваат само сакана одн. соодветна недвижност (согласно профилот за барање) од агентите за недвижност (така наречена предселекција).

4. Агентите за недвижности ја намалуваат својата работа за одржување на индивидуалната банка на податоци за профили на барање, бидејќи голем број на актуелни профили за барање стои на располагање.

5. Бидејќи се приклучени само деловни понудувачи/агенти за недвижности на мечинг порталот за недвижности, интересентите се среќаваат со професионални често искусни агенти за недвижности.

6. Агентите за недвижности го намалуваат бројот на разгледувања и вкупното време за посредување. А пак на страната на интересентите се намалува бројот на разгледувања и времето до склучување на купопродажен договор односно договор за наем.

7. Сопствениците на недвижностите за продавање и изнајмување исто така

заштедуваат време. Понатаму помало време на празни недвижности и порано плаќање на купопродажната цена кај недвижностите за купување, со побрзо изнајмување одн. продажба, а со тоа и финансиска предност.

Со реализација, одн. остварување на оваа идеа за мечинг на недвижности може да се дојде до сигнификантно унапредување во посредувањето на недвижностите.

10. Вклучување на мечинг порталот за недвижности во нов софтвер за агенти на недвижности вклучувајќи проценка на недвижностите

Како целоисходност може одн. треба овде опишаниот мечинг портал за недвижности од самиот почеток да биде составен дел на еден нов − идеално светски користен − софтвер за агенти за недвижности. Тоа значи, агентите за недвижности можат мечинг порталот за недвижности или дополнително да го користат или идеално да го користат новиот софтвер за агенти за недвижности вклучувајќи го и мечинг порталот за недвижности. .

Со вклучување на овој ефикасен и иновативен мечинг портал за недвижности во сопствениот софтвер за агенти за недвижности се поставуваат темели за софтверот на агентите за недвижности, битни за продирањето на пазарот.

Бидејќи во посреувањето на недвижности проценката на недвижноста секојпат е, и останува, битен составен дел, во софтверот за агенти за недвижности пред се треба да биде интегрирана алатката за проценка на недвижноста. Проценката на недвижноста со релевантните податоци/параметри од внесените/поставените недвижности на агентите за недвижности треба да биде достапна со поврзување. Параметри кој недостасуваат ги надополнува агентот за недвижности преку своја сопствена регионална пазарна експертиза.

Понатаму, во софтверот на агентита за недвижности треба да има можност, да се интегрираат таканаречени виртуелни разгледувања на недвижности кој треба да се посредуваат. Ова би можело да се поедностави, со тоа што би се развил дополнителна Апп апликација за мобилни телефони и/или таблети, кој по прием на виртуелното разгледување на недвижноста автоматски ќе ја интегрира одн. вклучи во софтверот на агентите за недвижности.

Доколку ефикасниот и иновативен софтвер на мечинг порталот за недвижности се поврзе со процена на недвижноста, се зголемува можниот потенцијал на обрт уште еднаш многу јасно.

Матиас Фиедлер
Коршенброих, 31.10.2016

Матиас Фиедлер
Ул. Ерика-вон-Брокдорфф 19
41352 Коршенброих
Германија
www.matthiasfiedler.net

www.ingramcontent.com/pod-product-compliance
Lightning Source LLC
Chambersburg PA
CBHW071531210326
41597CB00018B/2955